사랑의 음파

사랑의 음파

빈봉완 제5시집

세종출판사

시인의 말

만산홍엽처럼 연륜의
생채기를 내고 싶었다.

휘휘한 호기심으로 도전하여
강산에 나무를 가꾸듯
내 가슴에 기쁨으로 가꾼

『사랑의 음파』는

세파에 질주하는
시리고 허무한 가슴에
무지갯빛 시향의 파문으로
물보라 치기를 염원한다.

2019. 11. 만추가절에

大田人 문학박사 **빈봉완**

차례

시인의 말 __ 5

제1부 향수통

詩의 향기 15
내 가슴 16
사랑의 산악회 17
커피타임 18
가을이야기 19
국화꽃당신 20
벙어리냉가슴 21
꾀꼬리단풍 22
귀향歸鄕 23
이분법 청사진 24
가을 풍경화 25
고향의 미소 26
멋진 인생 27
참사랑 28
억새꽃 30
고향의 가을 32

제2부 가슴통

인연因緣 35
하늘이 푸른 이유 36
사랑의 음파 1 38
사랑의 음파 2 40
내 이름을 불러주세요 41
매미 42
공항 44
공항의 이별 45
사랑은 거리가 없다 46
꽃보다 사람이 좋아 47
강물 48
석양노을 49
바람은 요술쟁이 50
불신시대 52
홍시 54
종소리 56

제3부 날숨통

내 가슴의노래 59
어머니의 시간 1 60
어머니의 시간 2 62
반추 63
그 사람 이름은 64
입 65
빨래 66
인향 67
비밀이에요 68
님 70
얼굴 71
주름살 1 72
주름살 2 74
뻥튀기 76
울지 않을 수 없었다 77

제4부 들숨통

행복	81
참이슬	82
첫사랑	83
하늘과 바다의시	84
식사시간	86
열풍	88
우화	89
내 인생에 박수를	90
세상만사 때가 있다	91
침묵	92
한마음대회	93
아름다운 인연	94
눈빛사랑	96
미소(웃음)	98
타이밍	99

제5부 북새통

인생은 구름나그네 103
사랑의 눈 104
순천만국가정원 106
완도의 미소 108
제15회 부산불꽃축제 109
향기품은 부산 110
부산은 영혼의 안식처 112
봄봄 113
봄밤 114
순정 115
장미꽃 1 116
장미꽃 2 117
꽃의 향연 118
봄바람은 잠을 자지 않는다 119
초조한 가을 손님 120

제6부 성장통

꿈길	123
코스모스	124
장미의 성장통	126
꽃샘추위	127
상처	128
꿈길	129
계약서 만능시대	130
종착역	132
언어의 향기	134
태풍	135
숙성기한	136
정겨운 세월	138
그리움	139
비와 인생	140
술한잔 합시다	142

제1부

향수통

詩의 향기

자연과 인간을 착목한
순수한 詩의 가슴으로
思惟한 지혜와 감흥은
영원한 별처럼 빛나고

시공을 초월한 상상력은
단비처럼 가슴을 적시고
음악처럼 심금을 울리고
무지갯빛 세월로 빛나고

생동하는 푸른 꿈은
감미로운 사랑의 선율로
닳지 않는 영혼의 노래로
오밀조밀 향기를 날린다.

내 가슴

하늘같은 얼굴이
숨을 못 쉬고
호수 같은 마음이
길을 잃을까봐

넉넉한 웃음으로
헐렁한 빈틈을 만들고
고상한 열정으로
하얀 추억을 만들고

나비처럼 예쁘고
참신한 가치들이
주렁주렁 매달린
향기로운 내 가슴

사랑의 산악회

산뜻한 아침
마주한 눈빛
꽃밭 같은
삶의 영혼은

얼굴만 봐도
즐거운 마음
생각만 해도
행복한마음
우리는 한마음

햇살이 빗질하듯
참사랑 손길로
바람을 벗 삼아
담소하는 발길로

강산을 휘돌아
율동하는 풍광은
감동의 파노라마
아싸 살맛난다.

커피타임

뜨거운 눈물로 연출한
감동의 파노라마

기다리는 순정이
모락모락 피어나서

찰랑찰랑 두둥둥실
사랑의 무지개 뜨고

사색의 향기 보글보글
애인냄새로 승화되고

그리움의 눈빛이
살랑살랑 생멸하고

황홀한 감동은
인생의 미학이다.

가을이야기

은행나무는
사랑 이야기가
노랗게 물들고

단풍나무는
애절한 꿈으로
붉은 피를 토했다.

꿈을 달구는
가을 웃음소리

가을을 구르는
옹골찬 그리움이

풍선처럼 매달린
성숙한 추억으로
가을을 소환한다.

국화꽃당신

감미롭게 살해된
신성한 영혼으로
고상한 가을요정을
일념통천하면서

피 마른 줄기에
땀방울로 적시고
피맺힌 절규 속에
뿌리는 환생하고

한숨소리 토하며
통한의 꿈을 연출한
국화꽃 당신은
우아한 가을 여인

벙어리냉가슴

벙어리매미의
유쾌한 웃음은
세파에 흘러가고

벙어리장갑의
감격의 승리는
무지개처럼 사라가고

벙어리저금통의
청운의 꿈은
나비처럼 날아가고

벙어리 재판은
숨죽인 목소리로
자존심은 고개 숙이고

벙어리 뻐꾸기의 슬픔은
한숨도 눈물도 말라버린
가슴 타는 벙어리 냉가슴

꾀꼬리단풍

파란하늘
색바람으로
감기에 걸린
계절의 팔색조

영혼을 피워낸
꾀꼬리단풍은
세월의 파노라마

성숙한 가을
황홀한 미소는
내 마음의 풍경화

귀향歸鄕

한세월 영육이
오감 만족하다
자연의 섭리대로
돌아가야 한다.

달콤하고 씁쓸한
추억마저 삼킨
메마른 눈물로

무호흡 하는
성스러운
그림자언어는

영혼이 꿈꾸는
영원한 안식처
고향으로 간다.

이분법 청사진

하늘과 땅 사이에는
이분법적 구분이 많다.

남녀 / 하늘땅
/너와나/
/음양 / 선악 / 병약
/대소 / 상하 / 좌우
/장단 /고저 / 강약
/이리저리 /이쪽저쪽
/내편네편 / 내것네것
/오고가고 / 만남과이별
/시작과끝 / 등등

이분법적 해석을
균형과 조화로
융화시켜야한다.

둥글고 커다란
유연한 연화제로
사랑이란 묘책의
청사진이 필요하다.

가을 풍경화

하늘 높아진 황금가을
나무들은 환절기 색바람으로
콜록콜록 팔색조가 된다.

아롱다롱 그리움을 한껏
뽐내며 달려온 가을 손님은
은행나무에 매달린 노란 꿈

금수강산을 뒤덮은 붉은 물결은
지혜롭고 성숙한 세월파노라마

죽음이 두려운 청사진 앞에
나무들은 꾀꼬리단풍이 들었다.

영혼을 토해내는 기적소리
폭발하는 향기로운 감탄사는
꽃나비의 미소처럼 날아간다.

만산홍엽에 넋을 잃고
빈 가슴 채우는 황홀한 눈빛
그리움이 머무는 마음의 풍경화

고향의 미소

춤추는 황금물결
향기로운 숨소리로
피어나는 황홀한 고향미소

한들한들 시름없는
코스모스의 향연으로
피어나는 정겨운 고향미소

구수한 밥상위에
성숙한 언어 꽃들이
피어나는 달콤한 고향미소

멋진 인생

책과 꿈은
꿈길처럼
감미로운 인생
최고의 선물

앎 있는 생각
뜻있는 삶
멋있는 폼으로

하늘 보고
미소 짓는
예쁜 그리움은
강산을 닮았다.

참사랑

세상을 휘돌아
멀어져 가는 시간 속에서도
참사랑 나누는 날 되소서.

함께한 추억 세상사는
기억은 옅어질지라도 따뜻한
가슴으로 참사랑 나누소서.
세상의 풍파 속에서 등불 같고
진한 향기 풍기는 라일락 같은
아름다운 참사랑 나누소서.

참사랑은 하나요.
행복한 감격이 삶으로 마주한
사랑은 거리가 없다.

정성스런 우리들 마음이
응집된 빛나는 한마당
“열정의 한마음대회”

벌 나비처럼 흥과 멋을
폭발하며 멋진 감동과 환희로
아름다운 추억을 만든다.

억새꽃

에메랄드빛 하늘 보고
별빛 담던 청아한 얼굴이
창백해져서 긴 수염뿐이다.

솜털 방한복 선물 받고
색바람에 메마른 가슴
지켜주는 영혼이 웃는다.

몽글몽글한 햇솜처럼
고운가슴 부풀어서
사부작사부작 거린다.

수려한 오색그리움은
은빛물결로 빛나고
예쁜 춤사위는 장관이다.

백설기 같은 그리움을
켜켜이 채 썰어 놓고
강아지처럼 꼬리를 흔든다.

신명난 카메라셔터소리에
이마에 송골송골 맺힌
땀방울은 쉼표를 찍는다.

삶을 잇고 뿌리를 지킨
황야의 예쁜 노신사의
하얀 미소 만산에 나부끼고
시선마다 떠날 줄을 모른다.

고향의 가을

내가 살던 고향은 색바람 불어와
노랑미소 빨강미소 만산홍엽이고

가슴 터진 황홀한 가을 미소는
만고강산 방랑하는 그림자언어

아롱다롱 꿈꾸는 이야기꽃들은
세월에 매달린 가을노래 되었다.

꽃밭 같은 영혼으로 삶을 잇고
뿌리를 지킨 어화둥둥 내 사랑아

제2부

가슴통

인연因緣

조물주의
거룩한 은총이
오롯이 하강한
성스러운 가슴은

소용돌이치는
대지의 활화산

무소유의
창문을 깨고
당긴 마음은

부부가 되고
가족이 되고
고향이 되고
국가가 되고

보이지 않는
땅의 영광
하늘의 축복

하늘이 푸른 이유

존경하는 마음과
우러러보는 눈으로
눈이 웃고 건강하라고
푸른 하늘이 높은 것이다.

원대한 꿈을 펼치고
아름답게 살라고
푸른 하늘이 넓은 것이다.

하늘이 푸른 이유는
높고 넓은 곳이 필요한
소중한 사람이 있기 때문이다.

인간들은 행복에 도취되어
축복받은 자연을 보호하지 않고
푸른 하늘의 뜻을 거역하고

선행은 없고 반목 시기 질투 험담
음해 등등 위선과 탈선으로 얼룩진
욕심과 불만으로 그득 차있다.

태풍의 눈에 찍히고
기후의 역습에 고민하면서도
비가 안 오고 눈이 안 내리면
변덕쟁이라고 하늘을 원망하고

다투고 남 탓하고 화내고 살상하고
당연히 하늘이 푸른 이유를 모른다.
하늘이 푸른 이유를 모르는 인간은
마땅히 역주행할 인생열차가 없다.

사랑의 음파 1

해님은 날이면 날마다
싱글벙글 꿈을 익히고
달님의 자애로운 가슴은
소소한 하루를 잉태하고

새하얀 겨울눈은
연분홍 추억을 남기고
주룩주룩 내리는 비는
뼈아픈 마음 씻어주고

살랑살랑 바람은
지친마음을 위로해주고
뭉게뭉게 구름은
노여움을 풀어주고

바위에 부서지는 파열음처럼
한숨 섞인 역겨운 인생길도
소중한 인연과 함께라면
새파란 하늘에 별꽃이보이고

해바라기 세월 덕분에
고장 없는 빈 가슴으로
성숙한 미소 날리며
해마다 그리움을 닦는다.

사랑의 음파 2

머리는 쓸수록 아프고
가슴은 쓸수록 기쁘다.

강산에 나무를 가꾸듯
사랑의 기쁨을 가꾸기 위해
휘휘한 호기심으로 도전하여
연륜의 생채기를 내고 싶다.

오색 꿈꾼 만산홍엽처럼
세월의 향기 더한 시어로
내 가슴에 동요가 일어나고

나비효과로 나타난
『사랑의 음파』 는
마음속에서 예쁜 미소로
찰랑찰랑 거리기면서

세파에 질주하는
시리고 허무한 가슴에
무지갯빛 시향의 파문으로
물보라 치기를 염원한다.

내 이름을 불러주세요

덧없는 인생은
존재의 이유 하나로
사랑받을 가치가있어요

사랑받지 못하고
세월 속에 묻혀버릴
허물은 묻지 말고

사랑받고 싶은
예쁜 눈빛으로
내 이름을 불러주세요

진주보다 빛나는
거룩한 세상에서
아름다운 꿈길로
사랑받고 싶어요.

감미로운 속삭임은
소중한 내 사랑입니다.

사랑받을 가슴으로
내 이름을 불러주세요

매미

두 눈 가득 새벽 별빛 담고
나무에 껌 딱지처럼 붙어서
영롱한 이슬로 식사를 마치면

작열하는 여름 태양의
열기를 식히는 나무그늘마다
오색 그리움의 경연장이 되고

7일 동안 울면서 사랑을 고백하는
낯 뜨거운 구애 작전은
정겨운 눈물의 사랑노래 되고

소프라노 고운음색으로
숨소리 거친 가슴 마다
녹색소음청량제가 되어
열정적으로 자연을 성장시키고

천지를 진동하는 노래 가락으로
성숙한 세월의 감동 가을을 위한
바람에 기대어 진땀을 흘리는데

안타깝게도 7년이란 인고의
교향악 영혼의 합창소리가
점점 울림의 동력을 잃어간다.

세월 앞에선 매미의 사랑노래도
아쉬운 이별가 되는 것 같아
향수 안에 너의 이름을 묻는다.

* PEN문학 2019년9.10월호 P271수록

공항

노란 세월
지고 가는
오색 인간들

속삭이는 발걸음만
함의를 알고 있다.

꿈을 담고 가는
행복한 가슴속을
촘촘하게 이어주고

산뜻한 무지개 언어와
곰삭은 하얀 미소로
향기로운 만남과
이별이 공존하고

초조한 심장은
높이뛰기하고
반짝이는 눈빛이
별처럼 총총한 곳

공항의 이별

별처럼 총총하게
빛났던 눈에서
향기 잃은 눈물이 나고

눈시울에 서려있는
사무친 사랑의 순정을
빈 가슴으로 부둥켜안고
공항엔 찬바람만 남았다.

콧등을 타고 앉아
시큰시큰 간지러운
무정한 시간은 흐르고

가슴 뛰는 연정이
절절하게 흐르던
착한 이별의 전당
공항엔 그리움만 쌓인다.

사랑은 거리가 없다

저 멀리도
가까이도
눈을 떠도
눈을 감아도

밤이나
낮이나
불타오르는

사랑은
거리가 없다.

순수한 정과
숭고한 사랑은
영원히 식지 않는다.

꽃보다 사람이 좋아

꽃이 예쁜 것은
순정을 묻어놓고
미움을 숨겨놓고
슬픔을 삼켜놓고
겸손한 미소가
예쁘게 춤추기 때문이다.

사람이 아름다운 것은
칭찬하는 입
사랑 하는 가슴
노력하는 손발로
아름다운 생활을
공유하기 때문이다.

꽃보다 사람이 좋은 이유는
꽃은 가슴이 없어서 정이 없고
사람은 아름다운 가슴으로
샘솟는 정과 사랑을
나누며 살기 때문이다.

강물

강물은 손잡고 가라고
밤낮없이 꿈을 부르고

강물은 외롭지 말라고
도란도란 속삭이며 가고

강물은 사랑이 필요해서
찰랑찰랑 대며 즐겁게 가고

여행 떠난 그리움은
다시 물안개로 피어오른다.

석양노을

눈빛 홀리는
하늘의 꿈으로
아직도 유년의
꿈은 불타고

햇빛에 연긴 듯
사라진 한낮의
풍요로운 잠꼬대

인생 희로애락을
향훈의 포근한
감각으로 감싸주고

세파를 이기는
영감으로
허전한 가슴달래주고

꽃노을로 사라진
약속한 하늘의 미학

바람은 요술쟁이

스쳐가던 바람이
윙크를 보내며
살짝 볼을 간질이 길래

지나가는 말로
과거를 기억하고,
왜 예쁜 꽃만 스치고 가냐고
달달하고 고소하게 말을 했지요.

어머님의 숨소리는
아기가 잠들고.
아버님의 기침소리는
새벽이 열리고.
산새울음에는
봄이 열린다고 하면서

자기목소리에는
봄꽃도 피우고
사랑도 피우고
그러나 차별은 절대 없다고

달려가면서도
밝은 기운 전하는 미소천사는
추억과 과거의 시간을
기억하는 천재 요술쟁이

불신시대

허공은 말합니다.
말없이 껴안아준다고

희망을 말하렵니다.

동기유발로 격려와
위로, 응원, 축복은
자신에게 먼저 하라고

하늘을 날며 세상을
구경하고 싶은데

비행기도 배도 자동차도
세상은 두렵고 무섭다고
그래서 모두 불신시대라고

무정한 세월 속에도
명불허전으로
준비는 철저하다고

아무리 좋은 미사여구도,
아름다운 사랑의 언어도
허공 속에 묻혀 진다고.

*명불허전 (名不虛傳)
명성이나 명예가 헛되이 전하여지는 것이 아니라
그만한 까닭이 있어서 그러하다는 말.

홍시

색바람이 불어와
찬이슬로 얼굴 씻고
존재감을 자랑한다.

빨강 옷
가을을 입은
빛나는 가을남자다.

질곡의 세월
밤마다 소곤소곤
세상이야기 나누던
정들었던 친구들은
하나둘 소풍을 간다.

푸르른 창공에
자존심하나
예쁘게 붙들고
대롱대롱 그네를 탄다.

하늘하늘
그리움을 곱씹으며
한 점 부끄럼 없는
해맑은 미소를 날린다.

종소리

구슬프게
적막을 깨고

춥다고 우는지
어둡다고 우는지

바람결에 음향은
가슴 저미고

잡히지도 않는
허공의 메아리

찬란한 광음은
감동의 판타지아

실체 없는 영혼
허공 속에 맴맴

제3부

날숨통

내 가슴의노래

태양은 눈감고 심장을 태우는데
지구의 중압감으로 울던 핏덩이

눈동자에 밝혀놓은 지혜의 등불로
초점을 맞추다 녹초가 된 임이여

임은 동서남북 분골쇄신하다
무지개처럼 사라져간 오색영혼

애틋한 절규의 사랑노래
하늘 향해 토해내는 블루스

어머니, 어머니, 어머니.

*3.1운동 100주년기념, 한국문학 대표작 수록

어머니의 시간 1

세월은 쉬엄쉬엄 살라고
허리띠를 붙잡는구나.

굴러온 자동차를 보고
매미가 먼저 날아와
맴맴 반가운 인사하고

풀 향기 산 내음으로
취한가슴
콧노래가 절로 나오고

산새들은 앞마을 뒷마을
어머님과 함께했던 추억을
그리다가 머리가 희었고

멱 감던 친구들
한세월 서린 목소리
시큰한 어머니의 시간

세월이 더하기를 하면
삶은 빼기를 하는데
어머니의 시간은
더하기만 하는 구나

어머니의 시간 2

궁핍한 가슴에
꽃바람이 불어오고

고향하늘 헤매 도는
구름의 위로를 받고

천혜의 금강은
태고의 신비가 흐르고

아름다운 교향악으로
사랑의 향수가 흘러간다.

신비의 대문바위는
영광의 고향문지기

축복의 약수암에는
낙수 물소리 적막을 깨고

석양 노을 바라보며
멍하니 빈 가슴 채운다.

반추

가치 있는 삶을 위해
고무줄처럼
나를 돌아보고

사유하는 가슴과
녹슬지 않은 지혜로
제2의 은막을 치고

위로하는 바람과
격려하는 구름과
축복하는 노래로

노랑빨강 미소 춤추는
축복의 황금 세월
고무줄 같이 탄력 받고

불타는 가슴과
도약하는 굳센 의지로
내가 나를 찾아가간다.

그 사람 이름은

세월이 눈감고 지나간 자리에
삼키지도 못할 그리움만 남겨놓고
날이면 날마다 내 가슴을 태우나.

가슴속을 파고드는 그 얼굴
세월 앞에 마주한 미련으로
이름도 세월 따라 흘러가는구나.

외로운 삶이여 고독한 영혼이여
꽃보다 아름답게 불러줄 이름은
메아리 없는 이름이구나.

입

바른길을 세우고
사유하는 붉은 영혼

낭떠러지로 떨어지지
않는 바위처럼 무겁고

바람처럼 사라지지
않는 과묵한 금덩이

시행착오 없는
행복의 나래를 펼치며

三思一言하는
겸손한 나침반

빨래

하늘이 청명하게
열리는 날은

하얗게 목욕재계하는
아름다운 희망으로

아롱다롱 흔들흔들
갈팡질팡하는 마음들이

열정을 토닥거리다
다소곳이 동화된다.

정든 사랑들이
도란도란 입 맞추듯

눈감고 숨고르기하며
청결한 가슴을 들어낸다.

인향

바람불어 예쁜 날
미소 짓는 얼굴에는
사람냄새가 난다.

사랑하는 꿈들이
세파를 타고
유려한 향기를 날린다.

가치를 빛낸
청초한 가슴에
삶의 여유가 묻어난다.

비밀이에요

비밀이에요
세상은 온통
궁금한 비밀창고

입은 침묵하고
가슴마다 비밀
주머니를 채우고

묻고 또 물어도
돌출한 걸림돌로
영혼은 상처 나고

서글픈 삶은
알면 병
모르면 약으로
현실을 도피하고

비밀이에요
눈 오면 웃고

비오면 우는 지
바람은 부지런하고
구름은 한가한지

꽃은 열리고
사랑은 닫히는 건지
발강노랑파랑 오색
비밀은 숨바꼭질하고

인생철학으로
삶의 비밀을 풀어야한다.
즐겁게 사는 것이 최선이고,
가치 있게 사는 것이 행복이라고

님

그리움이 방울방울
덕유산처럼 피어나서

종소리처럼 정감어린
사색의 여운으로
삶의 활력을 주고

황토 빛 사람냄새는
생명의 고귀한 선물로
삶의 원동력이 되고

시간보다 묵직한 세월
푸른 빗줄기 속에서도
깊은 사연 숨바꼭질하고

석양노을 풍광에 안겨
별빛과 소곤거리며

푸른 달빛 속에
요염하게 안주한 새색시

얼굴

左안에는 幸運을담고
右안에는 福運을담은
얼굴은 마음의 거울

밤하늘의 별빛과
생명을 호흡하며
경건한 우주를 품은
동그란 영혼의 거울

예쁜 하루가
어두운 심연을 뚫고
미담의 나래를 펼치는
동그란 영혼의 거울

거룩하고 존엄한 가치가
행복으로 빛나는 낙원
동그란 영혼의 거울

죽어서도 꽃처럼
아름답게 웃어줄
동그란 영혼의 거울

주름살 1

이마와 눈가에
세월이 새겨놓은
고립무원 이정표

평생계급장을 보면서
노하거나
슬퍼하거나
고민하지마세요.

세월을 가치 있게 수놓은
무거운 삶의 고통이
빛바랜 황혼의 훈장처럼
고스란히 빛나고 있으니까요.

두 눈가에 주름은
한평생 바람에 날리는
거친 숨소리가
하얀 미소되어
날이면 날마다 쌓였습니다.

사랑스런 가족
자랑스러운 이웃
정의로운 사회를 위해
기쁨과 즐거움을 드린
영광스러운 흔적입니다.

주름살 2

가시밭길 동행하며
먹구름 걷어낸 가슴으로
감미로운 향기를 남겼다.

유통기한 없는 달빛 거울로
햇살 그리움 쌓인 오색 바람은
진주 빛 흐르는 눈물을 남겼다.

아름답고 황홀한 꽃도
개성 넘치는 울분 토하며
수없이 갈라지고 봉합되듯

행복한 숨소리와
성숙한 바람에 실려 온
그림자언어로 짙어진 얼굴

세파에 동고동락하며
심신의 화려한 감동으로
꽃피는 행복을 남겼다.

고상한 매력의 주름살은
세월을 빛낸 승리의 흔적
무지갯빛 연륜을 남겼다.

뺑튀기

해마다 계절은
같은 리듬을 타지만

숨도 고르기도 전에
성급하게 달려온 여름은
삶을 기절 혼색시키고

내가 행복한 사람은
남을 불행하게
만들려 하지 않고

내가 불행한 사람은
남을 행복 하게할
능력이 부족하고

한계는 희망의 잎으로
실패는 기회의 줄기로
열정을 끝까지 꽃피우면
삶은 좋은 열매를 맺는다.

울지 않을 수 없었다

푸른 고향을 찾아갈 땐 언제나 속도전이다.
정신없이 달려온 고향집 마당의
빨간 단풍 입술에 가을 햇살이 도란도란 거리고
은행나무 노란 잎은 초조함으로 코끝을 간지럽힌다.
구석구석 애정 어린 손길로 눈시울을 붉히며
가을 손님이 예쁜 가슴으로 마중 나왔다.

기어가는 햇살 따라 가을걷이에 분주한 손길로
감, 모과, 탱자, 오가피열매 수확에 정신이 팔린다.

아내는 호박잎도 따고 냉이도 캐고 쑥도 뜯고
시래기국 무생채 깍두기 청국장 호박잎 보쌈 특히
청국장은 멸치 쪽파 냉이 호박을 넣어 정말 맛있다.
애정 어린 가을 밥상은 황홀한 고향밥상이 된다.

어머님은 보이지 않아도 추억을 소환한
잊지 못할 밥상이 차려지고 식사가 시작된다.
호박잎으로 싸먹는데 그리움이 와르르 터져
붉은 눈시울에 밥은 목구멍을 넘어가지 못하고
빙글빙글 돌아가는 세월 울지 않을 수 없었다.

제4부

들숨통

행복

별은
눈동자에 핀
하늘의 꽃

사랑은
입술에 핀
지상의 꽃

별보다
예쁜
내 사랑은

날이면
날마다
추구하는

감미롭고
향기로운
삶의 이정표

참이슬

눈부시게 찬란한
별님의 노래로
푸른 꿈이 내리고

달님의 자장가로
밤을 녹인 뇌파로
미소 짓는 하얀 영혼

오색 꿈이 흐르는
달콤한 감로수는
영원한 내 친구

연긴 듯 사라질
생사의 교훈에도

방울방울 참이슬은
찬엄한 사랑의 진실

첫사랑

무지개언어
폭탄으로 때리고

바늘 같은
유혹으로 울리고

섬뜩한 가슴에
마른번개를 치고

뇌에 상처가
예쁜 점으로 남아

고운 꿈 하나 담고
유랑별이 된 첫사랑

하늘과 바다의시

하늘은 미끄러져 바다에 빠질까봐
바다는 날벼락 치는 하늘이 떨어질까 봐
새파랗게 겁먹은 얼굴로 산다오.

하늘 안에는 바다가 바다 안에는 하늘이
네 안에 내가 내안에 너를 찾는 꿈길처럼
감미로운 향기를 날리며 꿈과 낭만으로
숨바꼭질하는 거울이라오.

죄 없는 하늘은 수많은 인간들이 욕망의
한계를 넘어 무심하게 쏘아 올린 눈총 맞는
사유의 對象이라오.

새까만 원망의 슬픈 상처로 먹구름 쌓인
가슴은 눈물로 구석구석을 씻어낸다오.

푸른 하늘 시공을 초월한 물고기도
요람에 대롱대롱 매달려 하늘바다 보고
잔잔한 향수의 아픔을 달랜다오.

푸른 하늘 산사의 은은한 풍경소리는
아름다운 영혼을 위한 신경안정제라오

푸른 하늘 정기 받은 황홀한 꽃도 행복한
미소 안에는 거친 숨소리로 갈라지고
성숙한 그림자언어로 봉합되었다오.

한세월 울분 토한 입술위에 고상한 법도의
오색주름살은 하늘빛 영롱한 時節因緣이라오.

해맑은 하늘의 言語로 속삭이는 고요의
바다는 永遠한 세월의 同伴者라오

한세월 如如 하듯 괴로움으로 나를 불태운 火毒은
부끄럼 없는 人生을 위하여 푸른 하늘과 바다보고
懺悔하며 아름다운 慈悲를 행해야 풀어진다오.

식사시간

동행하는 길이
있었기 때문에

한세월동안
한 우산을 쓰고
희로애락을 나눈 인생

솔직한 언어로
청순한 감성으로
고결한 인격으로

꿀맛 같은 사랑이
녹아내린 시간

눈을 감고도
손과 입이 하나 되고

바위 같은 무거운 짐도
내려놓은 용감한 시간

세상에서 가장 살맛나고
세상에서 제일 행복한 시간

아름다운 사람들이
제일 좋은 생각으로
새 역사를 창조하는 시간

열풍

고요한 가슴은
소용돌이치고

맑은 눈동자는
서슬이 푸르고

청량제 가슴은
화광충천 하고

힘 빠진 언어보다
꿈을 응원 하도록

불어라 열풍아
신선한 꿈을 안고

축복의 열풍으로
영혼은 미소 짓는다.

우화

온기를 두르고
머릿속을 맴도는
사랑의노래

놀라움으로
속절없이
나오는 노래

애벌레가
우화가 된
껍데기의 노래

눈먼 나비가
가슴으로 부르는
슬픈 영혼의 노래

내 인생에 박수를

눈뜨고 일어나면
예쁜 마음 만들어 주는
아침노을을 보면
마음은 둥실 하늘을 날고

혼자가면 외로운 길
함께 라면 행복한길
했더라면 후회하는 길

멋진 꿈 행복한 인생은
가시 같은 생각과
송곳 같은 말은 하지말자

향기로운 언어 꽃을 피운
보람찬 하루 기분 좋은
축복으로 위로받는 저녁시간
내가 나를 보며 미소 짓고
내 인생에 박수를 보낸다.

세상만사 때가 있다

세상만사 인간만사
백번을 휘돌아 보아도
만물은 웃고 우는 때가 있다.

만남과 이별의 시간도
아름다운 하늘의 영감으로
구름처럼 때맞추어 달려온다.

새싹이 돋고 새들이 노래하고
개구리가 울고 매미가 울고
기러기가 계절을 이별하고
세상을 하직하는 단풍을
숨죽이며 지켜보면 우는 때와
웃음 짓는 세월은 따로 있다.

예쁜 꽃도 피는 시기가 따로 있어
인간도 철따라 새롭게 미소 짓는다.

악의 때를 씻고 선과 덕을 심고
최선의 노력을 하는 사람들은
지혜의 축복이 때맞추어 달려온다.

침묵

사랑나무는 언제나
세월에 향기를 더하며
무럭무럭 자라고

아름답고 풍성하게
성숙한 생각들이
주렁주렁 열립니다.

말 많은 세월에 밀려
채 익지 못한 열매가
눈물 따라 떨어지면
향기기 날아갑니다.

사랑하고 아낀 생각은
보름달 같은 가슴에서
축복의 언어가 솟아나
말에서 향기가납니다.

한마음대회

보리가 알차게 가슴을 채우는
성숙하고 향기로운 5월
속눈썹을 파고드는 그리운 얼굴
보름달 같은 정으로 가슴 마다
행복한 사랑을 채워 보실까요.

꽃 같은 세월은 흘러갔어도
잊어버린 정 헤어졌던 기쁨을
어우렁더우렁 함박웃음으로
손가락에 금반지처럼 예쁜
추억을 만들어 보실까요.

아름다운 인연

"사랑하는 제군들"
참사랑의 이름으로
열정과 용기를 심어 주셨습니다.

그리운 시절 그때 그 사람
눈썹에 매달려 떨어지지 않는
추억으로 남았습니다.

허공을 헤매던
초점 잃은 눈동자에
영혼의 생기를 넣어 주셨습니다.

삶이 팍팍하고
숨소리마저 이유 없이
방황하던 졸업2년차 제자가

인생 터닝 포인트로 만난
신○○ 교장선생님은
꿈을 향한 시절인연입니다.

영광의 꽃길
아름다운 비단길
혜안으로 찾아 주셨고

길 따라 외롭게 걷던
예쁜 발길위에 지금은
눈부신 서광이 내려앉았습니다.

영원히 그리운 교장선생님
금년에 출간한 시집을 들고
총동문회에 다녀왔습니다.

목 메이게 그리워
문득 문득 눈시울이
뜨겁게 달아오릅니다.

영롱한 햇살
청량한 바람처럼
그물에도 걸리지 않는
부드럽고 따뜻한 시선은
영원히 닳지 않는 행복입니다.

눈빛사랑

세상사 인생사 굽이굽이 삶의
길목에서 많고 많은 사람들 중에서
대덕산 정기 받은 바람타고
구름처럼 만난 인연 안천의건아들

마주보고 웃는 모습은
멀리 있어 볼 수 없지만
스승, 제자 같고 친구, 형제 같이
서로의 아름다운 마음을 바라보며
조석으로 오가는 카톡일지라도
가없는 사랑으로 용기를 주시고
힘을 실어 주시는 행복한 사랑에
항상 감사드립니다.

잡지 않아도 가는 게 시간이고
밀어내지 않아도 만나는 게 세월인데
오순도순 천천히 산책하듯 동행하며
흘러가는 구름인양 계절의 변화와
동문님들 사연도 너그럽게 오목조목

새기면서 행복한 웃음 고운사랑
따뜻한 정 나누고 싶습니다.

가까이 있으면 더 소중한 인생을 위해
태양이 눈뜨고 달려온대요.
일상에 작은 쉼표를 찍어주는 시간을
위해 경축하는 한마음 대회
얼씨구절씨구 지화자 좋은 하루 되소서

산이 대신 웃어주지 않고
나무가 대신 도와주지 않고
우리들이 사랑해야할 모교
그리움만큼 커진 모교 참사랑
모두모두 사랑하는 뜻 모으면서
아 싸 황금처럼 소중한 만남 되소서.

미소(웃음)

예쁜 입은
애정제작소

웃음은
계절 없는 꽃

삶을 위로받는
생활의 활력소

숨 쉬는 별처럼
힘들이지 않고

황홀한 꽃처럼
공들이지 않고

소중한 보석처럼
돈들이지 않고

앵두 같은 입술에
안주한 붉은 영혼

타이밍

순간순간
사랑으로 피어난 꽃

순간순간
영혼이 매달린 열매

순간순간마다
꿈은 무르 익어가고

순간순간에도
역사는 이루어지고

순간순간 인력은
영원의 다리가 된다.

제5부

북새통

인생은 구름나그네

과거는 그리움의 미련이
현재는 부족함의 미련이
미래는 기다림의 미련이
미련이란 연줄을 남기고

행복을 가득 채우려는
욕망의 한계를 지키고
꿈과 이상의 가치를
사유의 보람으로 여기고

해 무지개 타고
미련도 후회도 없이
하늘여행 떠나는
인생은 구름나그네

사랑의 눈

꿈꾸는 영혼이
녹색 성장한
구만리 인생길

바다의
숨소리에도
가슴이 젖어들고

세월의 노래는
향기로운 언어로
구름처럼 흘러가고

햇살 몇 줄기로
달빛 한 움큼으로
별빛 한 조각으로

성숙한 그리움을
언저리 깊게 배어내는
황금 혜안이 있어

훈훈한 봄바람은
겨울을 몰아내고
선선한 가을바람은
여름을 몰아낸다.

해마다 계절은
같은 리듬을 타지만
햇빛과 바람이 부채질하여
마음이 끓어 넘치지 않는다.

순천만국가정원

화려한 꿈들이
바다로 갈까봐
주야장천 자존심을 지켰다.

이 풍진 세상
가슴 뭉클한 갈대의 순정
뼈를 말리면서 절개를 지켰다.

설렘일까, 사랑일까
평화로운 꿈들이
생동하는 가슴으로 춤춘다.

낭만에 젖는 생태수도
순천만정원의 바다는
꽃나비가 손짓하고
시름없는 영혼이 나른다.

아롱다롱 황금 노을은
찬엄한 미소로
무지갯빛 위로를 보낸다.

속절없는 세월 앞에
카메라셔터는
아름다운 쉼표를 찍는다.

* 남도명시 수록 1

완도의 미소

향수어린 푸른 섬
완도는 해산물의 보고
연분홍 사랑이 미소 짓는 곳

바다의 시작은 낭만이요
푸른 미소 아련한 섬
순수한 자연이 숨 쉬는 곳

밝고 따뜻한 파도가 울어오고
친구 같은 산마루가 방긋방긋
내 사랑 추억을 부르는 곳

가슴속에 동백꽃처럼
빙그레 미소 짓는 완도는
잃어버린 시간을 찾는 곳

멋있고 신나고 맛있는
오감 체험으로 삶의 가치 빛나고
사계절 황금미소 축복 받은 곳

* 남도명시 수록 2

제15회 부산불꽃축제

파아란 밤하늘 형형색색 수놓은
황금빛묘기로 세파에 시달리는
영혼을 위로받는 거룩한 밤이다.

불꽃쑈, 레이저쑈, 테마음악으로
광안리 해수욕장 동백섬 광안대교
3포인트 오색불꽃이 연출된다.

우레와 같이 폭발하는 환상적인
빛 소리에 탄성과 환호의 박수로
부산의 밤은 열광의 도가니가 된다.

화광충천하는 현란한 불꽃 축제는
부산시민의 애정을 제작하는
드라마틱한 세월의 종합예술이다.

향기품은 부산

세상을 휘돌아
천혜의 은총이
신비로 가득하고

누가 창조한 길인가
하늘 길 바다길 땅길
하나같이 꽃길이고

누가 창조한 예술인가
눈과 가슴이 하나 되어
폭발하는 감탄사는
영혼의 울림이 되고

사색의 향기취하며
해수로 힐링 하는
청량한 가슴은
태평양 바다를 닮고

세계인의 오감만족과
유행을 패러디하며
순정의 향기품은
부산은 국제 관광도시

부산은 영혼의 안식처

새파란 하늘아래
소중한 인연들이
무지개꿈을 줍는 곳

바다의 빛깔처럼
찬란한 예술혼으로
오색세월 생동하는 곳

고요속의 낭만으로
운무 더린 해운대는
행복한 세월을 담는 곳

영원한 사색의 감동
천하제일의 보금자리
부산은 영혼의 안식처

봄봄

바람은 머리를 싸매고
겨우내 쌓인 울분을 토한다.

봄은 보는 것
장엄한 서곡을 보고

신록은 실눈 뜨고
산새는 금슬 좋게 지저귀고
개구리 합창에 새봄이 오고

즐거운 봄의 교향악으로
만물이 싱글벙글 입 째진다.

봄밤

빨강노랑 물들인
꽃 가슴 안고
나비처럼 예쁘게
미소 짓는 밤

설익은 언어가
꽃 나들이 하며
이정표 없는
세월을 노래하는 밤

황금 눈빛으로
오색 감동으로
영혼을 위로하는 밤

피고 지는 꽃잎들의
아름다운 경연으로
어화 둥둥 설레는 봄밤

순정

머리칼을 흩날리며
불어오는 봄바람은

순정의 봄소식을
만삭으로 껴안고

봄비를 마중 나온
아름다운 가슴은

수줍은 새색시의
달콤한 시절인연

새하얀 꿈으로
속삭이는 청춘세상

장미꽃 1

사랑할 땐
장미의 순정을

그리울 땐
시의가슴을

삶은 영광의
쌍곡선을 그린다.

붉은 피
엉긴 자취로

송이송이
어깨동무야

축복의 시선으로
황금눈총 받는다.

장미꽃 2

손에는
어머님 순정이
파랗게 흐르고

입술에는
어머님 순정이
빨갛게 흐르고

붉은 순정은
온몸에 흩어진
실핏줄로 흐르고

황홀한 꽃송이는
언제나 아름답게
미소 짓는 어머님 얼굴

꽃의 향연

꽃은 예쁜 자존심과
생동하는 개성으로
남몰래 숨어서 피어난다.

예쁜 꽃을 피우기 위해
꽃잎을 수백 번 접고 펼치는
주름진 마음은 알지 못한다.

숙명의 예쁜 이름으로
아름다운 세상을 만드는
천하제일의 미소 천사는

때맞춰 오색미소 벙글벙글
예쁜 미소 반겨주는 희열로
사랑 넘치는 향연을 펼친다.

봄바람은 잠을 자지 않는다

찬란한 봄을 피우기 위해
겨우내 잠을 자지 않는다.

살랑살랑 졸졸졸 개굴개굴
삼중주 하모니로 기교 부린다.

연초록 비명 소리 들으며
웃음가득 봄을 피운다.

아름다운 낭만과 로맨스로
버들강아지는 가슴 설렌다.

천사는 포근한 숨소리 토하며
울고불고 잠을 자지 않는다.

초조한 가을 손님

부르지도 안했는데
달려오는 그 마음을
나는 알고 있어요.

해마다 그리움을 못 잊어
달려오는 너를 보는 것이
즐거움으로 다가 오고.

꽃 가슴을 보는 순간
내 마음은 그네를 타고
그리움만 가득 쌓인 세상

하늘보고 흘린 눈물이
오지랖을 적시는
세월 멋쟁이 가을 손님

진혼곡, 장송곡은
소나기처럼 요란하게
흐느끼는 붉은 눈물로
세상은 감동의 파노라마

제6부

성장통

꿈길

길은 많은데
길이 잘 보이지 않는다.

태양이 휘둥그레
얼굴 붉힌 대낮인데도
도무지 어두컴컴하다.

소중한 인연은
공동체 인생길에서도
아끼고 사랑해야할
운명의 길이다.

어떤 손을 잡아야
심장이 높이 뛰는지
길은 알고 있다.

눈을 감아도 보이는
성숙한 꿈길로
햇살은 미소 짓는다.

코스모스

변화의 황금빛 가을을 꿈꾸며
초록빛여름 내내 풍찬 노숙하고

무더위를 견딘 깡마른 허리로
한들한들 계절의 리듬을 타고

헤벌쭉 입 벌린 가을 손님은
세파에도 도리도리하면서
열정의 붉은 미소 날리고

세상사 고달프다고 원망도 않고
개구리처럼 울지 않는 강단에
풀벌레도 축복의 응원가 부르고

살랑살랑 일렁일렁 춤사위와
해맑은 숨소리로 가을마중하고

詩의 가슴은 코스모스 얼굴로
도장 찍던 옛 추억 담고서
고향 앞으로 달리기 하는구나

* 대전 PEN문학2019.10.P131수록

장미의 성장통

임의 예쁜 사랑과
계절의 성장 통으로
아름다운 미소 담고

가슴시린 냉소로
가시 달린 몸은
뼈아픈 성장 통이라오.

눈총으로 찔린 가슴은
새빨간 피를 토하며
심장 통을 앓고

붉게 피어나
정열의 미소 빛나는
여왕 꽃이 되었다오.

세상을 아름답게
인류를 황홀하게 하는
5월의 붉은 영혼이라오.

꽃샘추위

찬란한 봄을 시샘하는
소슬바람 울어대면

수줍고 민망한
봄의 화신 개나리는

시기 질투하는
가슴시린 꽃샘추위로

정신은 혼미하고
가슴은 새까맣게 탄다.

상처

그리움 쌓인 하늘은
눈먼 얼굴 가리고
우르릉 쾅쾅 울어오고

개구리는 세월을
울어 삼키며 구슬픈
가락으로 합창을 하고

삶의 궤적그린
오색무지개
연긴 듯 사라지고

비에 젖은 나그네
발걸음은 천근만근
바위처럼 주저앉고

상처를 위로하는
빈 가슴에는
새까만 재만 남았다.

꿈길

봄 길은
길마다 꽃길로
삶의 무늬가 매달린다.

여름 길은
숲과 낭만의 해변으로
생동하는 심장이 춤춘다.

가을 길은
빨강 노랑 고운 얼굴로
숨 가쁜 세월을 노래한다.

겨울 길은
순백의 화폭으로
백옥 같이 고운 길이다.

찬란한 인생
꿈같은 인생길은
철따라 향기로운 꿈길이다.

계약서 만능시대

누구나 고단한 후일
다툼의 발걸음을 위해
일상 쓰는 계약서

어둡고 두려운 터널을
달려가는 불확실한 시대에
믿음직한 약속증서로

인생계약서 / 사랑의계약서
혼인계약서 / 이혼계약서
효도계약서 / 부양계약서
부동산계약서 / 임대차계약서
하숙계약서 / 대출계약서
차용계약서 / 차량계약서
중매계약서 / 고용계약서
물품계약서 / 운송계약서
핸드폰계약서 / 인터넷계약서
입원계약서 /수술계약서
정식계약서 / 임시계약서

허위계약서 /수많은 계약서
계약서 만능시대로

계약서 없이는 못살아
계약서 있어도 두려워

매미처럼 울지 않도록
빙 빙빙 해바라기 세상
두 눈에 불 밝히고 살자

종착역

지구도하나 인류도 하나
기차는 어디로 향하는가.

지구 회생의 자연사랑은
인간 사랑의 필수요소다.

인류는 눈감은 평화
지구는 눈뜨면 전쟁

가정 학교 사회 국가마다
세상은 소리 없는 전쟁

구름 바람 미세먼지
모두 창살 없는 전쟁

생활환경 기후환경은
소리 없는 대란

인공재해 자연재해는
시공을 초월한 대란

파괴와 재앙의 공포는
죽음과 멸망의 종착역

언어의 향기

멋진 사람은 가슴에서
춤추던 정이 혀 밑에 고여
환상의 종소리로 승화되고

사랑과 존경과 감사하는
기품 있는 스토리로
달콤하고 상큼하게 울려요.

질곡의 세월에도 충돌하지 않는
당기는 마음 칭찬하는 마음은
음식맛보다 더 큰 감동이 되고

언어의 종소리는
예쁜 떨림과 울림으로
맛 동산에서 향기를 날려요.

태풍

칼바람 신음소리로
세상은 벌벌 떨고
벙어리가슴만저밀뿐

위대한 태풍 앞에서
울지 않고 떨지 않는 사람
그 어디에 누가 있으랴

인류는
자연 앞에는
모두가 죄인일 뿐

악명 높은
재앙 앞에는
가슴 아픈 상처뿐

태풍은 장님으로
인간과 지구를 정화하는
아이러니한 변절자일 뿐

숙성기한

기다리는 순정
곱고 고운 순정은
기다림의 미학이요

약속시간 지키는
살뜰한 마음은
곰삭은 삶의 풍경이요

고소하고 달콤하게
뜸들이고 기다린 멋은
유통기한 없는 정이요

은근하고 구수하게
시간 속에 삭힌 맛은
숙성기한거친 사랑이요

항아리 속의 순정은
소울푸드(Soul Food)
맛깔나게 무르익었어요.

인생은 아롱다롱
세월 따라 오색 꿈꾸며
숙성된 감동의 파노라마.

정겨운 세월

바람의 숨소리에 봄이 오고
예쁜 봄이 왔던 곳에
풍요로운 가을이오고

울긋불긋 미소가 아름다운
단풍잎은 세월을 율동하며
살뜰한 내일의 꿈을 위해
눈물겨운 여행을 떠나고

내 야윈 영혼의 실눈으로는
국화 한 송이 이슬 한 방울
소박한 미소로 감동과 환희를
느끼는 즐거운 인생을 위하여
시를 쓸 수 있는 낭만으로

태양의 눈길과 손길로
달구는 뜨거운 가슴에는
존경하고 사랑하고 감사하고
기쁨은 인생 최대의 행복이다.

그리움

그리움을 달래주는
해님 달님 별님 하늘 친구와

해바라기 꿈꾸는 세월을
부여잡고 즐기는 내 인생

시 한편을 읽을 수 있고
노래한곡 부를 수 있는

꽃처럼 향기로운 숨소리로
그리움을 달래주는 가슴에

아련한 그림자 추억은
뭉클한 그리움으로 타올라

단풍처럼 슬픈 눈시울로
해님 달님 별님 하늘친구
그늘에 꼭꼭 숨어서 운다.

비와 인생

카페에서 시름시름 들리는
빗소리는 운치 있고 편안하여
나도 모르게 시름이 날아간다.

여유 있는 나만의 시간을
눈감고 묵상하며
비와인생을 노래한다.

봄비는, 색시비
바람불어 좋은날
예쁜 옷 사가지고
조용히 가늘게 찾아오고

가을비는, 신랑비
사랑을 울리는 가을비는
낙엽처럼 고독한 신사
스산하고 쓸쓸하게 울어오고

여우비는, 벼락비
해 뜬 하늘에 날벼락 치며
구름이 울어 소나기 되고

장마는, 호우비
오르락내리락 심술쟁이
많은 비로 찢어지는 가슴 되고

이슬비는, 오는비
눈물처럼 모르게 오고 있으라고

가랑비는, 가는비
가라고 가랑비
옷 젖는지도 모르는 실비(세우)

술한잔 합시다

그리움을 한상
차려 놓고
술한잔 합시다.

기쁨이 밀려오는
평화로운 시간
술한잔 합시다.

찰랑찰랑 정을
녹여녹여 놓고
술한잔 합시다.

썰렁한가슴
꿀꿀한 시간
술한잔 합시다.

두둥둥실
지구가 떠가고
빙글빙글 하늘이
돌아가도록
술한잔 합시다.

빈봉완 제5시집
사랑의 음파

초판1쇄 발행 2019년 11월 29일

지은이 빈봉완
펴낸이 이길안
펴낸곳 세종출판사

주소 부산광역시 중구 흑교로 71번길 12 (보수동2가)
전화 463－5898, 253－2213~5
팩스 248－4880
전자우편 sjpl@chol.com
출판등록 제02-01-96

ISBN 979-11-5979-319-6 03810

정가 12,000원

이 도서의 국립중앙도서관 출판예정도서목록(CIP)은 서지정보유통지원시스템 홈페이지(http://seoji.nl.go.kr)와 국가자료공동목록시스템(http://www.nl.go.kr/kolisnet)에서 이용하실 수 있습니다. (CIP제어번호: CIP2019047150)